L b 128.

AF257703

LE DON GRATUIT

OU DE

JOYEUX AVÈNEMENT,

OU

RÉSUMÉ SUR LA SUBSTITUTION DE LA CONFISCATION MOBILIAIRE A LA CONFISCATION IMMOBILIAIRE, MINISTÉRIELLEMENT APPELÉE CONVERSION DE LA RENTE ET INDEMNITÉ AUX ÉMIGRÉS.

SUIVI DE LA DEUXIÈME ÉDITION

DU ROI ET LA FRANCE,

OU L'ECHO DU PEUPLE FRANÇAIS.

BOUQUET DE LA SAINT CHARLES,

Par un Enfant de la révolution.

A PARIS,

IMPRIMERIE-LIBRAIRIE DE J. G. DENTU,

RUE DES PETITS-AUGUSTINS, Nº 5.

MDCCCXXV.

LE DON GRATUIT

OU DE

JOYEUX AVÈNEMENT,

OU

Résumé sur la substitution de la confiscation mobiliaire a la confiscation immobiliaire, ministériellement appelée conversion de la rente et indemnité aux émigrés.

Ainsi que ceux qui se couvrent du manteau de la religion ou de la vertu pour accomplir de coupables desseins, le ministère cherche à couvrir du manteau royal l'iniquité d'un projet qu'il espère faire passer à la faveur d'un nom chéri autant qu'auguste et révéré. On voit qu'il s'agit ici de ce projet de loi sur la réduction des rentes, frappé d'une telle réprobation l'an passé, qu'on devait le croire à jamais enseveli, et qui est représenté cette année sous une forme nouvelle à la sanction des Chambres.

On a beau déguiser la chose, la mesure actuelle, comme celle qui l'a précédée, ne fait que substituer une confiscation mobiliaire à une confiscation immobiliaire. Vainement nous dira-t-on qu'on ne prend pas aux rentiers ce qu'on donne aux émigrés, qu'il ne s'agit, pour les premiers, que d'une conversion d'un fonds en un autre, et non d'une réduction de valeurs; nous ne sommes plus d'humeur à nous contenter de jeux de mots puérils au lieu de raisonnemens, lorsqu'il s'agit d'opérations financières qui bouleversent toutes les fortunes; nous ne sommes plus au bon temps de l'abbé Terray, où toute la discussion sur une réduction d'intérêt du cinquième et de moitié se bornait à des sarcasmes et à des épigrammes. Faire une combinaison telle que le rentier soit forcé de passer d'un fonds qui lui donne cinq, dans un autre qui ne lui donne que quatre, c'est bien lui enlever le cinquième de son revenu; appliquer à l'indemnité qu'on veut donner aux émigrés la même quotité de rentes qu'on a enlevée aux rentiers, c'est bien indemniser les émigrés aux dépens des rentiers; or, c'est là le résultat final du premier comme du dernier projet de M. de Villèle.

Il faut avouer cependant que les rentiers sont un peu moins maltraités dans le nouveau projet que dans l'ancien, et que le ministère s'est amendé à leur égard. L'an passé, il fallait, bon gré, mal gré, passer des 5 aux 4 pour 100; au moins cette année il y a du choix.

Le rentier peut ou conserver son 5 pour 100, qui devient seulement provisoire au lieu d'être perpétuel, ou bien prendre du 4 1/2 pour 100, et se faire rentier en permanence pendant dix années, en payant seulement le dixième de son ancien revenu; moyen ingénieux que M. de Villèle a trouvé de rétablir pour lui la dîme; enfin il peut, comme l'an passé, jouir de tout l'avantage qu'on lui a ménagé dans la conversion de ses

5 pour 100 en 3 pour 100, qu'on met pour lui à 4; et un jour ou l'autre il retrouvera, ou ne retrouvera pas en capital le léger sacrifice de 20 pour 100 qui lui est imposé sur ses revenus (1). Sans avoir un esprit bien méchant, on pourra nous objecter que tout cela n'est que pour la forme, et qu'au fond il n'y a réellement que du 3 pour 100 donné à 4; on nous dira :

A l'exception de quelques petits bourgeois du Marais ou de la rue Saint-Denis (2), absolument ignares en finances, qui voudra conserver des 5 pour 100, qu'on peut lui enlever, du jour au lendemain, par quelqu'une de ces manœuvres de bourse si familières à nos financiers agioteurs? qui voudra se charger de ces 4 1/2

---

(1) Nous disons que le rentier retrouvera ou ne retrouvera pas l'augmentation de son capital, et nous sommes cependant bien convaincus que, dans le cas où la fatale loi serait adoptée, les 3 pour 100 s'éleveraient de suite à un très-haut prix par le jeu et les manéges de toute espèce qui seraient mis en œuvre; mais il en serait ici, proportion gardée, comme des fameux emprunts d'Espagne, dont les banquiers se sont gorgés d'or aux dépens de milliers de pauvres dupes : les 3 pour 100 seront à leur apogée dans les six premiers mois de leur émission, et la rechute sera aussi terrible qu'inévitable.

(2) Nous ne parlons pas des rentiers de la province; car on sait que les petits grands livres des départemens qui donnaient l'espoir de voir la rente se nationaliser, ont été absolument annihilés, par les craintes occasionnées l'an passé lors de la présentation du premier projet, qui a toujours produit, avant d'être rejeté, cet admirable effet, que tous les rentiers des départemens ont vendu leurs rentes, et sans que ce revirement de fonds y ait fait baisser le taux de l'intérêt, ce qui doit désenchanter sur les illusions dont le ministère nous berçait à cet égard.

pour 100, que la perspective du remboursement décennal, qu'on ne devrait cependant pas trop redouter, fera mépriser par tous les spéculateurs, et qui resteront toujours *in statu quo?* qui pourra résister à l'appât du cours auquel on va élever fictivement les 3 pour 100 par le puissant levier d'un amortissement énorme qui y sera exclusivement appliqué, et par l'exaltation de ces têtes dans lesquelles on fait tout pour enflammer cette malheureuse passion du jeu, qu'il serait aussi utile d'amortir que la rente, et qui est poussée à un tel point, qu'on faisait déjà de 80 à 82, lors du premier projet, ces 3 pour 100 offerts si généreusement à 75, et que, malgré la leçon de l'an passé, on fait de nouveau des marchés également au-dessus de 80, sur un fonds dont la création (si l'on peut se servir de cette expression vulgaire) est encore dans les brouillards de la Seine. Donc le projet, quant à la réduction, est le même que celui de l'an passé; seulement, au lieu de 28 millions pour le cinquième, sur 140 millions de rentes réductibles, cette réduction ne sera peut-être que de 26 à 27 millions.

Nous laisserons à MM. les ministres, qui, dans leurs cinq journaux amortis, ont réponse à tout, à répondre à ce dilemme, et nous nous bornerons à répéter avec eux qu'il n'y en a pas moins, pour les rentiers, option dans trois espèces de fonds; qu'il n'y a que la critique amère qui puisse s'écrier qu'ici trois ne font qu'un; et nous dirons aussi à la gloire de M. de Villèle, que, quant à l'État, il trouve dans son projet l'avantage d'un amortissement forcé, immédiat et gratuit de 26 à 27 millions de rentes perpétuelles, amortissement que certaincment nos plus profonds financiers n'avaient pas compris originairement dans leurs calculs, ce qui prouve combien leur science spéculative était peu de chose comparée à celle du ministre qui régit aujourd'hui nos finances et nos destinées. C'est ici le lieu de remercier M. de Villèle sur une amélioration positive qu'il a apportée dans son nouveau projet, comparé à l'ancien, en se passant de l'intermédiaire des banquiers, et en dégrevant la France des 35 millions qui leur étaient abandonnés pour quinze mois d'intérêt sur 28 millions de rentes. Quelques esprits chagrins font bien courir le bruit que le dévouement patriotique et la généreuse entremise de MM. les banquiers n'auront pas été entièrement perdus pour eux, dans ce sens que, plein de l'idée que le premier projet ne pouvait être rejeté, on en avait anticipé l'exécution en rachetant les 15 à 18 millions (d'aucuns disent 30 millions) de rentes 5 pour 100, venues au marché par suite de la terreur des rentiers, et qu'en profitant de l'impulsion qu'ils contribueront à donner aux 3 pour 100, on peut calculer au petit pied pour ces 18 millions de rentes, sur un bénéfice de 10 pour 100, soit 36 millions, et plus probablement sur une prime de 20 pour 100, soit 72 millions, en prenant pour base le cours de 90 pour les 3 pour 100, ce qui ferait encore d'assez jolies parts au gâteau pour ces messieurs dans une affaire manquée. Nous ne pouvons ajouter foi à de semblables bruits; car si, d'un côté, le Necker bayonnais (1) nous a dit, page 90 de

———————————————

(1) Nous demandons pardon de l'épithète à M. L********, il la trouvera sans doute assez mince, lui qui, dans un Mémoire pu-

son *factum semi-ministériel*, qu'il y avait eu 15 à 20 millions de rentes déclassées; puis, page 110, qu'il n'y a eu que 12 à 15 millions de rentes vendues; de l'autre côté, il nous affirme, page 146, qu'il y a eu seulement 600,000 fr. de rentes partagées entre tous les intéressés des trois compagnies anglaise, juive et française; qu'il n'y a pas eu d'autre achat ni d'autre vente. Il faut donc se tenir pour dit qu'il n'y a eu que 600,000 f. de rentes achetées par les compagnies, et ne pas même s'effrayer des 15, 20 ou 30 millions de rentes flottantes qui seraient alors entre les mains de joueurs ou de coulissiers qui n'ont pas le premier sou pour les payer; qu'est-ce que 300, 400 ou 600 millions dans un pays où l'on ne parle plus que de milliards? La hausse

---

blié récemment à l'occasion d'un procès, vante la facilité de son élocution, l'étendue de ses connaissances, sa haute habileté dans les affaires, la sûreté de ses relations, son empressement à être utile, son caractère généreux, qui accueille toutes les infortunes; le versement de 40 millions qu'il fait annuellement dans toutes les industries: sa prospérité acquise par son travail; sa sagesse, qui la conserve: son amour éclairé pour les arts, sa philosophie au milieu de la richesse, son mépris pour les hochets de la vanité, la simplicité de ses mœurs, qui retient auprès de lui tous ceux que sa fortune attire; son opulence, dont il ne s'aperçoit que par le bien qu'il fait aux autres, et dont la modestie va enfin jusqu'à nous révéler qu'il est le chef d'une des deux opinions principales par lesquelles nous sommes divisés en politique.

Nous ne chicanerons certainement pas M. L******* sur la multiplicité des qualités qu'il s'attribue; car on doit les avoir toutes lorsqu'on a 40 millions dans sa caisse ou dans son portefeuille; nous lui ferons seulement observer qu'en prenant l'argent des particuliers à 3 pour 100 l'an, ou à grand peine à 4, pour l'avancer des 3 pour 100 ne dédommagera-t-elle pas amplement MM. les joueurs des reports avec lesquels ils auront nourri leur spéculation? et ce ne seront peut-être que les centièmes cessionnaires qui en paieront la folle enchère ; car les marchés rouleront avec une vîtesse incroyable dans le biribi ministériel.

Après avoir apprécié les avantages du nouveau projet sur l'ancien, nous allons, avec le même esprit de justice, en faire ressortir l'infériorité sous d'autres rapports. Il saute d'abord aux yeux que si, dans l'un comme dans l'autre projet, on ajoute un milliard à la dette, en reconnaissant un milliard de plus en capital, pour compenser la réduction de l'intérêt, le nouveau projet augmente encore la dette d'un autre milliard par la création de 30 millions de rentes à 3 pour 100 pour l'in-

---

aux négocians ou aux fabricans à 5 ou 6 pour 100 l'an, avec 1/2 pour 100 de commission tous les trois mois, ce qui fait ressortir cet argent à 7 ou 8 pour 100 l'an, et laisse 3 ou 4 pour 100 de bénéfice, soit 12 à 16,000,000 fr. par an, on fait tout simplement le métier de banquier, ce qui est une chose fort naturelle, mais dont on ne peut, en conscience, se faire un grand mérite, du moins de générosité ; nous lui demanderons ensuite quelles sont ces deux opinions principales qui divisent la France, et à la tête de l'une desquelles il se trouve : est-ce l'opinion qui dirigeait les troubles de juin 1820, dans lesquels il a été un si bouillant orateur? ou bien celle qui a dicté le projet de réduction des rentes, dont il s'est montré également un si chaud partisan? Non, sans doute ; et l'on a trompé M. L*******, si on lui a persuadé qu'il y avait en France deux opinions principales en politique, et que l'une d'elles le plaçait à sa tête. Non, s'il y a en France deux opinions principales en politique, il n'y en a bien certainement qu'une en politique sur le compte de M. L*******.

demnité des émigrés, tandis qu'auparavant il est évident qu'on avait l'intention d'appliquer aux émigrés les 28 millions de rentes résultant de la réduction de l'intérêt; donc le nouveau projet nous grève d'un milliard de plus que l'autre, et cet accroissement de 2 milliards, qui porte notre dette en capital à la somme énorme de 5 milliards (1), n'est assurément pas une chose fictive; car il faudrait, pour qu'elle fût fictive, que la caisse d'amortissement fût sans effet; il retombera au contraire de tout son poids sur le contribuable, puisque l'amortissement dont celui-ci a toute la charge à supporter, sera entièrement appliqué à l'éteindre. C'est ici le cas de faire sentir le ridicule de l'argument par lequel on veut appuyer la réduction de l'intérêt, en disant que l'État ne doit pas amortir au-dessus du pair : toute la question pour l'État se borne à amortir le plus possible de sa dette avec la même somme d'argent, en soutenant cependant la rente à un taux qui soit l'annonce d'un

______

(1) Qu'est-ce qu'une dette de 5 milliards comparée à celle de l'Angleterre? nous dira le ministère, infatué de son système de crédit, qu'il croit inépuisable comme la planche aux assignats, et qui ne veut pas voir tous les dangers auxquels il nous expose par l'abus qu'il en fait? Nous lui répondrons par un simple fait : c'est que sur 10,509 bâtimens qui ont traversé le Sund en 1824, il n'y en avait que 51 français contre 3342 anglais, et qu'il en est à peu près de même dans toutes les mers.

Que le génie de MM. les ministres rétablisse l'équilibre par une politique plus franche et une administration plus habile; qu'il reporte *seulement* notre attitude à ce qu'elle était sous Louis XIV, notre marine militaire et notre marine marchande à ce qu'elles étaient avec Colbert, et nous serons beaucoup moins effrayés de l'augmentation de notre dette.

bon crédit; or, en rachetant 3ooo fr. de rentes à 90 fr. pour 90,000 fr., cela ne coûte-t-il pas plus à l'État que quand il rachète 5ooo fr. de rentes à 104 avec 104,000 f., puisqu'il faudrait à 90 fr. débourser 150,000 fr. pour racheter 5ooo f. de rentes? Or, les 3 pour 100 à 90 sont de 10 pour 100 au-dessous du pair, tandis que les 5 p. 100 à 104 sont de 4 pour 100 au-dessus; par conséquent, il valait beaucoup mieux pour l'État garder ses 5 pour 100, et les racheter au-dessus du pair, que de se créer un pair plus élevé, pour racheter, en dépensant davantage, sa rente au-dessous du pair. Ce sera donc une chose malheureusement trop réelle que l'augmentation du capital de notre dette; et quant au propriétaire à qui on présente l'appât d'un dégrèvement immédiat par la déduction qu'on promet de faire sur l'impôt foncier des 26 à 27 millions, plus ou moins, dont on bénéficiera par la conversion des 5 p. 100 en 3 p. 100 et en 4 1/2 p. 100, on ne fait qu'emmieller pour lui les bords du vase, et ce n'est qu'un prêt usuraire qu'on lui fait; car il se trouvera en définitive chargé plus fortement par la portion qu'il aura à fournir pendant un nombre d'années bien plus considérable pour l'amortissement des 2 milliards d'augmentation de la dette, diminués cependant de la différence entre le pair et le prix auquel la caisse d'amortissement fera ses achats. Vainement le ministère nous affirme que le milliard, soit les 3o millions de rentes donnés en cinq années aux émigrés, sera amorti en cinq ans, en raison de ce que, sur les 6 millions de rentes émis chaque année, la caisse d'amortissement, avec les 78 millions montant de ses achats jusqu'à ce jour et de sa dotation annuelle de 40 millions, en rachètera la moitié, et que l'augmentation des produits de l'enregistrement provenant de la mutation plus rapide des propriétés, par la parité établie entre les biens dits *nationaux* et les biens patrimoniaux, et l'élévation du produit des impôts indirects, par la consommation plus grande de ceux à qui seront répartis les 30 millions de rentes, produiront en plus, dans les revenus, ce qu'il faudra pour amortir l'autre moitié des six millions de rentes.

Après avoir fait observer en passant l'absurdité d'un amortissement basé pour une moitié sur des hypothèses, nous irons plus loin, et nous dirons que le ministère raisonne ici en sens inverse de ce qui doit arriver; car généralement on ne vit que de son revenu, on ne consomme que son revenu; or, les 30 millions donnés aux émigrés n'entrant chaque année que pour 6 millions dans la circulation, tandis que les rentiers seront de suite frappés d'une diminution de 28 ou au moins de 24 millions dans leur revenu, en faisant la part la plus large aux 5 et aux 4 1/2 pour 100, la consommation doit du moins pendant quatre années diminuer au lieu d'augmenter, et par conséquent les droits de consommation diminueront également. Il n'y a réellement que sur l'enregistrement qu'on peut attendre une augmentation, à cause des achats en fonds de terre qui seront faits d'un côté par ceux des rentiers dégoûtés de la foi punique des gouvernemens, et qui sortiront à jamais de la rente; de l'autre, par ceux des émigrés qui préféreront de la terre à un papier qu'on déconsidère en le frappant, sous tous les régimes, de réductions qui en altèrent la valeur; enfin, par quelques ventes de propriétaires de biens nationaux, craintifs, et qui, frappés de terreur d'une loi qui rouvre toutes les plaies de la révolution au lieu de les fermer, profiteront du haut prix des propriétés pour sortir des leurs, et se débarrasser des inquiétudes de l'avenir : mais il est impossible, que l'excédant qui en résultera dans le produit de l'enregistrement puisse être évalué à ce qu'il faudra ajouter à la dotation de la caisse d'amortissement, pour acheter le montant des émissions annuelles de 6 millions de rentes, c'est-à-dire environ de 75 à 100 millions par an, suivant le cours des 3 pour 100. On a donc la triste certitude que les résultats de l'amortissement sont détruits pour plus de cinq années, puisqu'il faudra bien au-delà de ce temps pour amortir la nouvelle création de rentes; et sous ce rapport, le nouveau projet est évidemment inférieur au premier, suivant lequel la caisse d'amortissement ne discontinuait pas un moment son action sur l'ancienne dette. Et quand on réfléchit qu'après avoir vu ébranler le crédit et le système de crédit par une réduction d'intérêts dans les fonds publics, par le déplacement de 3 milliards de dette portés à 4, nous verrons encore cette dette s'accroître de 200 millions chaque année pendant cinq ans pour les 30 millions de l'indemnité, n'est-on pas effrayé autant qu'indigné, quand on porte un cœur français, de la situation de dépendance et d'humiliation dans laquelle l'adoption d'un tel projet peut jeter une nation grande et généreuse; qui, si elle ne veut pas faire la loi aux autres, ne peut supporter l'idée de la recevoir : ne voit-on pas que la position des affaires en Espagne, en Portugal, dans l'Amérique espagnole, et notamment dans la Grèce, entraînera indubitablement pendant ces cinq années ces grands évènemens qui doivent encore une fois changer la face du monde ! Telle est donc la condition humaine, qu'elle ne peut jamais rester stable, qu'elle échappe sans cesse au bonheur pour courir après la chimère du mieux, guidée par la vanité, l'amour-propre et la folie. C'est ainsi que dans notre belle France des hommes imprudens ont toujours porté tout à l'extrême.

A peine nos fonds publics, par l'effet de la loyauté qui avait amené la confiance, mais aussi par les combinaisons de l'agiotage, avaient-ils atteint le pair, qu'on s'est imaginé que notre crédit pouvait résister à toutes les expériences qu'on voudrait lui faire subir ; il n'y avait qu'à laisser aller, qu'à aider par une bonne administration, par la continuation d'un système fondé sur la bonne foi, le développement de toutes les prospérités nationales, qui se trouvait tout entier dans le développement de nos institutions : un règne nouveau s'était annoncé sous les auspices les plus brillans, la France toute entière se serrait autour de son Roi ; toutes les opinions s'étaient réunies, toutes les dissensions étaient anéanties, un avenir de gloire et de bonheur semblait s'ouvrir devant nous avec Charles X et la monarchie constitutionnelle : une loi apparaît, qui est un germe interminable de discorde et de divisions, même parmi ceux pour qui elle a été faite ; le mécontentement se manifeste de toutes parts, les haines se rallument, les craintes se réveillent, toutes les passions s'agitent ; des fautes, des erreurs, des crimes, d'horribles forfaits sont reproduits sous nos yeux, et la gloire qui les a recouverts reste seule oubliée ; toutes ces plaies qu'on disait vouloir fermer se rouvrent devant nous plus sanglantes ; le tableau de nos révolutions se déroule seul avec son hideux cortége, comme pour fermer nos yeux sur les infortunes et les vertus que tous voulaient honorer, soulager et récompenser.

Disons-le, cependant, en faveur des ministres, la loi d'indemnité, dans le sens qu'on l'a présentée, était la chose du monde la plus difficile à faire, tranchons le mot, c'était la chose impossible. Tout le génie calculateur des Laffitte, des Barring, des Rothschild, aurait échoué devant la difficulté du plan financier; et ces messieurs, quoiqu'ils eussent fort bien calculé pour eux, ne nous ont nullement démontré qu'il soit bien, qu'il soit équitable, qu'il soit moral de dépouiller les rentiers pour indemniser les émigrés : toute la science des jurisconsultes n'aurait pu surmonter les écueils qu'elle aurait rencontrés dans le mode d'exécution; on en peut juger par les pétitions présentées à la Chambre des députés, et qui suffiraient à elles seules pour démontrer dans quel inextricable embarras on se trouvera pour exécuter le projet de loi d'indemnité, s'il est malheureusement adopté par les Chambres.

Oui, les Français veulent, avec leur Roi, fermer les plaies de la révolution ; pénétrés des mêmes sentimens généreux qui l'animent, ils veulent comme lui, mais avec lui et par lui, dédommager et récompenser, autant que la France le peut faire, ceux qui ont sacrifié leur fortune ou versé leur sang pour la cause des Bourbons et de la monarchie; mais, ou nous nous trompons bien franchement, ou il n'est qu'un moyen pour eux de le faire avec générosité comme avec honneur, c'est de

faire au souverain un large don gratuit ou de joyeux
avènement destiné à ce noble usage, et dont Charles X
serait le suprême dispensateur : alors ils seront certains
que les braves compagnons d'armes des Larochejaquelein
et des Cathelineau, de même que les soldats de Condé,
les malheureux colons de la première Amérique, et toutes
les victimes du malheur des temps, du dévouement et
de la fidélité, participeront, dans une juste proportion
avec les émigrés et les déportés dépossédés, à cette grande
indemnité; et quant au soldat de Fleurus ou d'Auster-
litz, il ne demande rien; il laboure en paix son champ,
ou, comme les braves de Denain et de Fontenoy, il dort
glorieusement dans la tombe : alors on n'entendra re-
tentir que des accens de reconnaissance et des bénédic-
tions en faveur de notre monarque chéri, au lieu de ces
plaintes et de ces récriminations qui nous affligent et
nous aigrissent en assombrissant notre avenir.

« Mais où prendre ce don gratuit? nous demandera-t-
on. Ce n'est pas ici le lieu, et nous n'avons pas la pré-
tention de faire un plan de finances; mais enfin il n'y
a que deux manières, pour un État, de se procurer de
l'argent, par l'impôt ou par le crédit; et pour éviter le
danger de surcharger l'un ou d'abuser de l'autre, pour-
quoi ne pas prendre un moyen qui participe de l'un et
de l'autre, en prélevant 30 millions des rentes acquises
par l'amortissement? Ainsi, tous les Français auraient
contribué au don de joyeux avènement, et Charles X
recevrait d'eux la charge glorieuse de réparer de grandes
injustices. Ce moyen ne serait-il pas préférable de tous
points au projet sophistique et dangereux qui ne peut
avoir été inspiré au ministère que par des hommes qui

n'ont eu en vue que leur intérêt personnel, sans s'inquiéter des désastres qu'il en peut résulter pour la France?

La caisse d'amortissement, avec le restant de ce qu'elle a acquis, et sa dotation de 40 millions, serait assez puissante pour soutenir le cours de la rente, dont l'intérêt conservé à 5, serait d'ailleurs un appât assez séduisant pour les capitalistes de la France et de tous les pays.

Nous savons que les 30 millions de rentes ainsi répartis par la justice et la sagesse, ne rétabliraient pas dans leur intégrité les fortunes colossales de quelques grandes familles; mais cependant ils permettraient encore de faire une part assez belle aux considérations qu'on peut avoir pour les grands noms et les anciennes illustrations. La France, comme ses Rois, se plaira toujours à honorer son ancienne comme sa nouvelle gloire (1).

---

(1) Le rapport de M. Pardessus, qui vient d'être rendu public, ne fait que nous confirmer davantage dans l'opinion que nous avions de la difficulté insurmontable qu'il y aurait à faire exécuter par des juges institués par une loi ce qui ne peut l'être que par un jury.

Sans doute la confiscation des biens est odieuse, et la violation de la propriété est un des plus grands fléaux dans l'ordre social; mais si cette confiscation doit être portée en première ligne des réparations possibles, il ne s'ensuit pas qu'elle doive avoir un privilége exclusif sur toutes les autres infortunes, et que celui qui ayant fui dans l'étranger pour sauver sa tête, a été atteint par les lois révolutionnaires sur la confiscation, ait, ainsi que ses créanciers, des droits plus sacrés à l'indemnité, que tant de victimes de nos désastres; que, par exemple, le brave Vendéen ou le fidèle

Lyonnais qui, auprès de leurs toits embrasés, à la vue de leurs familles éplorées ou décimées, ont bravé tous les périls et toutes les privations, ont répandu à pleins flots leur sang généreux pour la cause de leur roi, dans laquelle ils voyaient aussi la cause de la patrie. On sait bien que la France ne peut tout réparer; elle ne peut qu'indemniser, que dédommager, et ce n'est qu'en répartissant les 3o millions de rentes sur toutes les infortunes de la révolution, que les plaies de cette révolution seront véritablement fermées. La commission de la Chambre des députés a en quelque sorte reconnu un de nos principes, lorsqu'elle a dit par amendement, à l'article 1o : « C'est au roi seul qu'il appartient de nommer les commissions chargées des opérations résultant de la loi proposée. » Il ne reste maintenant qu'à se bien pénétrer que la France ne peut plus s'imposer d'autre sacrifice après cet énorme tribut de 3o millions de rentes, qu'à la voix de son roi elle s'empresse de déposer à ses pieds, dans l'intime conviction que la devise sacrée *d'union et oubli* sera désormais celle de tous les Français.

FIN.

LE ROI
ET LA FRANCE,

ou

L'ÉCHO DU PEUPLE FRANÇAIS.

Le Roi et la France! ces deux mots sont plus que jamais inséparables; car la France ne saurait pas plus subsister sans son Roi, que son Roi ne saurait subsister sans elle.

La France, sans son Roi, a passé par toutes les horreurs de l'anarchie; elle a été accablée de tous les fléaux, elle a rassemblé en peu d'années tout ce que les annales du crime montraient dispersé dans l'immensité des siècles : mais, il faut le dire, de grandes vertus éclatèrent au sein de cet horrible chaos, et notre France s'était entourée d'une ceinture éblouissante de gloire et de grandeur, qui la fit absoudre aux yeux du monde étonné.

Les triomphes de nos armées devaient faire succéder à la dévorante anarchie le règne non moins dévorant d'un soldat. Ce soldat, il faut aussi le dire, ce soldat, élevé sur le pavois de la victoire, où il saisit tour à tour la toge consulaire et le manteau impérial, fut grand comme le peuple à la tête duquel il osa se placer. Si, nouveau Monk, il n'eût voulu gouverner la révolution que pour replacer son Roi sur le trône, la France agrandie n'eût point courbé son front humilié sous le poids de ses lauriers : au lieu de revers inouïs à réparer, elle eût apporté à ses souverains légitimes, en compensation de leurs malheurs, le prix des glorieux travaux de ses nobles enfans, et sous le règne de Louis XVIII, comme sous celui de Charles X, elle eût béni la mémoire de Buonaparte, au lieu de le regarder comme un de ces grands fléaux que le Ciel envoie au monde dans sa colère, pour l'exemple des peuples et des rois. Cependant, n'oublions pas que Napoléon Buonaparte avait, sans le vouloir, préparé le retour de la légitimité, de même que la révolution avait préparé le triomphe de ces institutions consacrées dans le pacte auguste qui régit aujourd'hui notre heureuse patrie. Que nos rois repoussent loin d'eux toute main profane qui voudrait porter atteinte à ce pacte sacré, véritable arche d'alliance des Français, et notre antique monarchie se perpétuera, pendant une longue suite de siècles, sous le sceptre paternel des Bourbons. Oui, cette Charte, qui immortalisera le règne de Louis XVIII, était le complément nécessaire de la loi salique et de la légitimité, et ce présent de sa sagesse est un hommage rendu aux lumières et à la civilisation. Il sera toujours respecté sous ce Roi dont le règne s'est annoncé d'une manière si brillante; sous ce Roi dont les premières paroles aux pairs et aux députés demeureront gravées dans tous les cœurs :

J'ai promis, comme sujet, de maintenir la Charte et les institutions que nous devons au souverain dont le Ciel vient de nous priver; aujourd'hui que le droit de ma naissance a fait tomber le pouvoir entre mes mains, je l'employerai tout entier à consolider, pour le bonheur de mon peuple, le grand acte que j'ai promis de maintenir.

Ces paroles mémorables sont bien dignes de ce Prince. qui s'écria avec un tel bonheur d'expression, lors de sa première rentrée dans la capitale : *Rien n'est changé en France, vous n'y voyez qu'un Français de plus!* Sous son règne heureux, nous verrons compléter le grand œuvre de la Charte ; nos neveux seront dotés de ces lois organiques si impatiemment attendues par la nation, par cela même qu'elle est attachée à ses rois, et que ces lois consolideront le trône en consolidant nos libertés.

Loin de nous ces hommes dangereux qui reculent toujours par leurs conseils méticuleux l'époque si désirée du complément de nos institutions. Le Français, disent-ils (ils ne le sont donc pas eux-mêmes), le Français, léger, inquiet, turbulent, a plus d'esprit que de jugement, de courage que de caractère ; ardent pour la nouveauté, toujours porté au changement, plus on lui accorde, plus il demande ; des élévations extraordinaires ont frappé son imagination ; le souffle de la vanité et de l'ambition a pénétré dans toutes les classes : c'est un peuple indocile et impossible à contenter ; en un mot, il n'est pas mûr pour la liberté.

Vain jargon, astucieux langage, vous ne prévaudrez point sur le cœur du monarque ; nous en attestons ses généreuses promesses, cette sensibilité, cette expression touchante de joie et de bonheur qui rayonnait sur la physionomie de Charles X, à son entrée dans sa capitale, et le jour de la brillante revue du Champ-de-

Mars; nous en attestons ces acclamations unanimes avec lesquelles le peuple et l'armée ont salué leur nouveau Roi; nous en attestons les transports qu'ont excités dans tous les cœurs l'admission dans les conseils du digne héritier de la couronne, et la restitution de ce droit le plus précieux de ceux que nous tenons de la Charte, de ce droit qu'on peut regarder comme le *palladium* du trône et de nos libertés. On ne peut tromper le Roi qui fait son bonheur de celui de son peuple, et qui veut écouter sa voix de préférence à celle des flatteurs dont le pouvoir est entouré; on ne peut tromper un Roi qui veut voir par lui-même. Ce Roi se dira : Non, ce n'est pas un peuple léger que celui qui bénit les institutions qu'il tient de son monarque, parce qu'il sait que sous leur abri tutélaire il peut cultiver en paix son champ, exercer librement tous les genres d'industrie, s'élever avec les beaux-arts et parvenir à tous les emplois; sa seule inquiétude est celle qu'il a sur la conservation de ces institutions, ce qui prouve qu'il en sent tout le prix, et qu'il n'a nulle idée de changement. Que demande-t-il? rien que ce qui peut lui assurer la possession de ce qu'il a. Importune-t-il ses princes pour l'obtention de nouvelles libertés? Non; il se trouve plus libre qu'il ne l'a jamais été; mais pour eux-mêmes comme pour lui, il exprime ses vœux pour la garantie des libertés qui lui ont été accordées.

Ce peuple, qui sait apprécier ses rois comme il sait les vénérer et les chérir, ce peuple s'écrie avec confiance devant Charles X : « qu'il ne veut point que l'arbitraire, l'ambition, la soif du pouvoir, les passions de ceux qui en sont revêtus puissent impunément se couvrir de l'infaillibilité royale pour saper les fondemens du trône en nous dépouillant du bienfait d'institutions qui doivent être immuables comme la légitimité. »

Quel fruit a-t-on recueilli de la suspension de notre *habeas corpus*, lorsqu'on a mis deux fois le malheureux système d'exception à la place de la loi? Notre plume se refuse de le dire; mais enfin, n'était-ce pas rétablir, autant qu'il était possible de le faire sous un Bourbon, cet affreux système des suspects, renouvelé de notre révolution, qui l'avait elle-même imité de la barbarie du moyen âge? Alors il a fallu étouffer les cris des victimes et des ennemis de l'arbitraire ministériel; il a fallu suspendre cette liberté de la presse, qui eût fait parvenir la vérité au pied du trône de nos rois, lorsqu'on était dans l'impuissance de recourir à la protection tutélaire de ces intègres dispensateurs de leur justice, qu'on devrait toujours pouvoir invoquer, parce qu'on ne les invoque jamais en vain. La liberté de la presse, allègue-t-on sans cesse, a des dangers si grands! Des dangers, elle n'en présente pas plus que la vérité; et si elle a l'audace de s'en écarter, les lois sont là pour réprimer sa licence. Disons plus : sans la liberté de la presse, la monarchie constitutionnelle ne saurait subsister; car c'est le plus puissant levier de la force et de la durée des États régis par un gouvernement constitutionnel. Supposons un moment que la liberté de la presse ait été suspendue lors de la dernière guerre d'Espagne; les cortès n'auraient pas moins succombé, Ferdinand ne serait pas moins remonté sur son trône; mais la France, en retour des sacrifices qu'elle a faits, eût-elle obtenu de cette guerre un seul de ces grands résultats que personne

aujourd'hui ne peut plus contester? Qui, à l'exception
de ceux qui en ont été les témoins, aurait cru à cette
marche triomphale, plus sublime qu'une série de vic-
toires; à ce Trocadéro, où l'héritier de la couronne a
conquis une si juste immortalité? Si cette mémorable
campagne a contribué à ramener au gouvernement
royal tant d'esprits incrédules, inquiets, froissés dans
leurs sentimens, dans leurs situations, dans leurs espé-
rances; si tous les cœurs ont été émus en voyant re-
verdir, sous un petit-fils de Henri IV, les lauriers de la
grande armée, en voyant se confondre sous les mêmes
drapeaux des gloires long-temps rivales, et qui n'au-
raient jamais dû être ennemies, en voyant la France
reprendre parmi les nations ce rang dont elle n'aurait
jamais dû descendre, on le doit d'abord sans doute aux
sentimens éminemment français du duc d'Angoulême,
à sa vaillance, à son affabilité, à la sagesse avec laquelle
il a su distinguer ceux qui étaient dignes d'être admis
dans ses conseils et au partage de sa gloire; on le doit au
courage et à la discipline admirable de l'armée française;
mais on le doit ensuite à la liberté des journaux; sans
elle, tout eût paru déception ou mensonge, faiblesse
ou vanité; personne n'eût eu la conviction de la vérité,
et c'est cette conviction qui a rallié plus fortement toute
la grande famille des Français à l'antique famille des
Bourbons. Puisse l'Espagne imiter notre exemple et se
servir de nos leçons! L'expérience du malheur devrait
avoir appris à son prince que la force et le courage sont
bien plus l'apanage de la modération que de la victoire;
et que dans le siècle où nous sommes, il faut dans le
gouvernement d'un État faire la part du temps, du con-

cours général des circonstances, des évènemens, de la civilisation, de l'agriculture, du commerce, des arts, de l'industrie, du plus ou moins de développement et de généralisation des lumières; enfin, que pour bien diriger son peuple, il faut savoir marcher avec lui. Si la presse n'eût pas été libre pendant la session dernière, une grande injustice aurait été commise envers une classe respectable de citoyens, en dépit de l'opinion publique soulevée toute entière contre la mesure déloyale qui consacrait cette injustice. Admettons que la pensée dominante de M. de Villèle avait été d'illustrer son ministère par une grande opération de finance qui, au moyen d'un sacrifice de 35 millions une fois payés, soulageait la France du poids énorme d'une dette annuelle et perpétuelle de 28 millions; mais après avoir déploré l'aveuglement qui lui a fait défendre une iniquité avec autant de persistance qu'on devrait en mettre à la combattre, applaudissons au noble caractère de cet autre ministre qui a sacrifié la faveur à ses devoirs, qui a mis sa gloire à être juste plutôt qu'à plaire, et a préféré résigner le pouvoir plutôt que de laisser étouffer la voix de sa conscience par la voix de son ambition : bénissons la Chambre des pairs, qui nous a fourni une preuve nouvelle de l'excellence de notre Charte, en rejetant ce projet sur la réduction des rentes, qui, dans toute la France, n'a pu trouver pour défenseur que celui qui en avait été rapporteur à la Chambre des députés, et pour apologiste, que l'homme qu'on a vu descendre avec regret de ce haut rang où le commerce l'avait élevé, pour s'associer à un Juif et à un étranger, et se faire le traitant de la ruine de cent mille citoyens qui l'avaient envoyé tant de fois à la députation pour défendre leurs intérêts. Oublions cette opération immorale rejetée avec indignation par ceux-là mêmes pour qui on donnait à entendre qu'elle avait été conçue, et qui ont déclaré hautement qu'ils préféreraient une honorable pauvreté à une restitution fondée sur la dépouille de tant de citoyens fort étrangers à leur malheur. Rejetons loin de nous cet écrit si peu docte, quoique fort doctoral; cet écrit où l'on ose nous dire *qu'en considérant la mesure de la réduction des rentes sous le rapport politique, elle assure la paix de l'Europe, en interdisant toute guerre à la France pendant plusieurs années*, c'est-à-dire, en d'autres termes, qu'elle nous mettrait dans l'humiliante nécessité de nous plier à tout, par l'impossibilité dans laquelle nous serions de nous défendre, faute de moyens d'augmenter notre état militaire et de porter notre armée au complet. Plaignons M. Laffitte d'avoir été assez égaré par l'amour-propre, pour publier un écrit dans lequel se trouve une idée aussi anti-nationale. Ne nous appesantissons point sur une brochure dans laquelle il combat *pro aris et focis*, car il y défend un projet auquel sa participation était pour lui la plus belle affaire de banque, puisqu'il trouvait le moyen d'échanger une popularité qu'il n'avait plus contre des millions qu'il aurait touchés bien réellement, et pour ainsi dire sans bourse délier (si le projet avait reçu son exécution), sans parler des belles promesses qui, s'il faut en croire la voix publique, auraient été faites à son ambition devenue patricienne. Reprochons seulement à ce banquier d'avoir entièrement attribué la prospérité de nos finances au système de crédit dont il est à juste titre un si ardent sectateur : rappelons-lui ce que, dans la ferveur de son zèle, il paraît avoir méconnu, c'est que le gouvernement royal n'a pas fondé son crédit par le système de tel ou tel banquier ou financier, mais par la bonne foi, par l'exactitude religieuse avec laquelle il a tenu ses engagemens, et par cette extrême loyauté qui lui a même fait acquitter toutes les dettes contractées au nom de la nation avant la restauration : s'il avait eu cette déloyauté, cette inexactitude, cette mauvaise foi qui ont caractérisé le gouvernement impérial et le gouvernement révolutionnaire; s'il eût fait des confiscations, s'il eût réduit la rente, s'il eût renouvelé les malheureux arriérés, sous l'empire desquels la France, malgré son énorme accroissement de territoire, n'eût pas trouvé à emprunter un écu, il n'y a pas de système quelconque de crédit qui eût pu lui donner les moyens, tout en acquittant des milliards, de porter les finances de l'État à ce haut degré de prospérité où nous les voyons aujourd'hui, et de faire monter le cours de la rente au-dessus du pair. Le système de crédit, dont nous ne contestons pas du reste les avantages, a donc été le résultat du crédit, et non pas le crédit le résultat du système de crédit; le système de crédit a complété l'œuvre, mais usons-en avec modération, et surtout n'en abusons pas; car le danger serait plus grand que le bien que nous en avons retiré, et l'abus des systèmes de crédit détruirait à jamais ce crédit, qui, nous le répétons, s'est formé avant eux.

Que nos rois, que nos lois encouragent, honorent le commerce; disons que c'est une des grandes sources de la prospérité d'un État, mais qu'il ne fait pas à lui seul cette prospérité; pénétrons-nous bien du danger qu'il y a à être exclusif dans tous les genres; n'élevons pas trop haut l'orgueil du commerçant, et ayons le courage de répéter, même en ce siècle d'or, à nos faiseurs d'utopies industrielles : que si le commerce est tout à fait prédominant, il éteint tout esprit militaire, qui, sans l'amour de la gloire, ne saurait subsister chez aucun peuple; qu'alors les richesses acquises deviennent la proie du premier conquérant, et la source de la misère des peuples entièrement commerçans. L'Angleterre, dont on viendra nous opposer l'exemple, est une exception qui n'est due qu'à sa position insulaire; si elle n'eût pas été garantie par l'Océan, il y a long-temps que, comme celle de Tyr et de Carthage, sa prospérité serait évanouie.

Que l'agriculture, cette source de la force et de la durée des empires, soit donc encouragée à l'égal du commerce et de l'industrie; si elle ne nous donne pas toutes les superfluités de la vie, elle nous fournit le nécessaire; c'est elle qui peuple nos armées de ces braves qui ont élevé les bataillons français au niveau des phalanges d'Alexandre et des légions de César; en un mot, elle est à la fois la nourricière de la nation et la pépinière de la victoire.

Que les récompenses et les honneurs encouragent également les arts et les sciences, ces enfans du génie qui, développant notre esprit et notre raison, donnent à l'industrie tout son lustre, toute leur grandeur aux palais des rois, tout leur luxe aux somptueuses demeures des grands ou de l'opulence, toutes les commodités de la vie à l'habitation du simple citoyen, à l'agriculture toute sa perfection, et qui enfin, en régularisant l'attaque et la défense, ont, si on peut le dire, introduit la civilisation dans les combats et dans la gloire.

Et quels sont les encouragemens les plus réels à donner au commerce, à l'industrie, à l'agriculture, aux sciences et aux arts? c'est de leur laisser un libre essor, de les dégager de toutes les entraves, de les honorer, de les protéger contre toutes les attaques; et on peut le dire, presque tout sera fait à cet égard tant qu'on aura la liberté de la presse. Avec elle, la médiocrité n'usurpera pas si souvent la place du talent; l'impertinence celle de la modestie, la prétention celle du goût, le charlatanisme celle du savoir, la folie celle de la raison, le fanatisme celle de la religion, le préjugé celle de la vérité, l'hypocrisie celle de la vertu. En nous rendant cette liberté de la presse, Charles X ne nous a-t-il pas appelés à lui exprimer nos vœux? n'était-ce pas en quelque sorte nous dire qu'il exaucerait ceux qui appartiendraient à la généralité de la nation?

La France devra donc à son heureux règne cette loi sur la responsabilité des ministres, qui n'a déjà échoué devant la législature que parce que ceux qui l'avaient rédigée n'en voulaient réellement pas. Bientôt un ministre ne pourra plus insulter à toute la magistrature française en déplaçant un avocat-général de la première Cour du royaume, parce que, dans un ministère tout de conscience, il avait obéi à sa conscience et à la loi, plutôt que d'avoir cette lâche complaisance qui se prête à servir l'arbitraire et les passions de la grandeur; la monarchie absolue de l'ancienne France ne nous offre pas un exemple pareil à la destitution de M. Freteau de Penny. On ne peut, il est vrai, se flatter de trouver dans tous les siècles des l'Hopital et des d'Aguesseau; mais notre France offre encore des hommes capables de gouverner la justice royale, de manière à faire respecter les arrêts de son chef suprême. Une bonne loi sur la responsabilité des ministres est au moins aussi urgente que le changement de celle sur la répression des délits de la presse, qui a été si mûrement approfondie, qu'on y a prévu jusqu'à la tendance que pouvaient avoir les écrits.

La France devra encore deux autres lois organiques de la Charte à l'amour du monarque pour ses sujets. Charles X se rappellera que sous nos rois, nos bourgeois nommaient leurs échevins; et d'après la loi sur les communes qui émanera de ses conseils, nos citoyens à un cens modéré recouvreront le droit de nommer leurs maires, leurs municipaux, ainsi que les conciliateurs de ces petits différends dont on a dégagé la juridiction des tribunaux supérieurs, ces juges de paix qui, ne composant véritablement que le tribunal des familles, devraient être choisis par elles. La garde nationale, qui s'enorgueillit à si juste titre d'avoir eu son Roi pour colonel-général, recevra de lui avec cette loi depuis si long-temps annoncée et plus impatiemment attendue, une organisation forte qui, généralisant le service dans toutes les classes, le rendront à la fois plus juste, plus utile, plus exact et plus léger; alors ceux qui seront condamnés pour des fautes de discipline ne feront plus entendre de murmures; alors ceux qui seront appelés à prononcer ces condamnations n'auront plus à gémir d'appliquer, pour de légères infractions, toute la rigueur des règlemens contre la partie la plus intéressante et la plus zélée de la population, tandis que le grand propriétaire et le gros financier, qui devraient le plus contribuer au maintien de l'ordre et de la tranquillité, dorment en paix, gardés par le laborieux détaillant, par l'utile artisan, et sont exemptés de tout service. La garde nationale, dont on ne peut se dissimuler la décadence, occasionnée par des vices d'organisation auxquels il est si facile de remédier par une loi dont le ministère ne peut justifier le retard, la garde nationale, lorsque cette loi sera rendue, reprendra toute sa force, toute son énergie; cette grande institution recouvrera toute sa splendeur, et cette armée citoyenne, seconde ligne de l'armée royale, sera l'un des plus puissans boulevards de la monarchie et du sol français.

Mais pourquoi importuner Charles X par des vœux que, comme ce Fils si cher à la nation, il porte tous dans sa pensée et dans son cœur, par des vœux que chacune des paroles sorties de sa bouche royale a annoncé l'intention de remplir sans qu'ils lui aient été exprimés? Ne serait-il pas plus doux pour notre Roi d'aller au-devant des désirs et des besoins de son peuple; et n'a-t-il pas, par ce qu'il a déjà fait, laissé entrevoir tout ce qu'on devait attendre de son règne? Ah! sans doute, le premier bonheur d'un bon prince est dans le bonheur de ses peuples, et Charles X nous l'a prouvé, quand son premier acte de souveraineté a été le don le plus précieux; mais en nous rendant la liberté de la presse, n'était-ce pas nous autoriser à répondre à sa confiance? n'était-ce pas nous dire qu'il voudrait connaître par lui-même et de nous-mêmes nos vœux et nos besoins? ne sait-il pas que tel est le malheur des rois, que, bien qu'assis au rang suprême, revêtus de tout le pouvoir, animés du désir le plus sincère de faire le bien, de perfides conseillers les détournent trop souvent du chemin de la vérité, et trahissent leur souverain comme les peuples, au profit de leur intérêt et de leur ambition? Ce qui s'est passé naguère ne serait-il pas l'excuse naturelle des craintes que nous pourrions concevoir? Certes, nous nous jeterions avec une aveugle confiance entre les bras de notre Roi. A peine Charles X est-il monté sur le trône, qu'une mutuelle affection s'est établie entre notre monarque et nous; mais MM. les ministres nous ont habitués à nous mettre en garde contre ce qui peut nous venir d'eux, et si Leurs Excellences étaient aussi franches que nous, elles avoueraient que ce sont elles et non pas nous qui ne sont pas mûres pour la liberté; qu'elles se trouvent gênées en ce moment, parce que l'on est toujours mal à son aise quand on est forcé de suivre une marche différente de celle qu'on s'était tracée; que malgré la bonne grâce avec laquelle leur président s'est exécuté sur la liberté de la presse, il n'a pas été sans éprouver un certain serrement de cœur en prononçant, dans le conseil, la harangue qu'on lui attribue; que c'est bien sincèrement qu'il a fait applaudir au talent qu'aurait déployé son ami M. de Corbière dans son rôle d'opposition; enfin que Sa Grandeur a dû faire une singulière figure en contresignant l'ordonnance du 29 septembre, et que depuis qu'il l'a contresignée, le chef de la justice doit être fort embarrassé de son rôle. Le système des compensations serait-il donc pour tout le monde? Il faut, du reste, rendre à ce ministre la justice de dire qu'il montre parfois à remplir ses fonctions un zèle fort édifiant. Lorsque le refus de recevoir le corps de l'acteur Philippe à l'église Saint-Laurent occasionna, ces jours derniers, un attroupement et excita quelques clameurs, Mgr le garde des sceaux était déjà auprès de Sa Majesté, quand la députation assez inconvenante des amis du défunt se présenta au château des Tuileries; l'orage a été bientôt dissipé, et l'instruction de cette affaire ne sera probablement pas très-fatigante pour Sa Grandeur; mais elle a prouvé qu'elle n'était pas la dernière à se montrer dans les grandes occasions. Si le respect et l'amour qu'on porte à Charles X. ont fait remplacer les murmures par les cris de *vive le Roi!* cet hommage qu'on lui a rendu ne sera pas perdu pour nous : la sagesse et l'humanité du prince lui auront présenté tous les dangers que pourrait avoir le renouvellement d'une pareille scène dans d'autres circonstances, et appliquée à des hommes d'un talent supérieur, tels par exemple que le grand tragédien qui fait en ce moment l'orgueil du théâtre français; sa religion éclairée lui aura dit que la solide piété peut fort bien s'accorder avec la raison; que si les canons et la discipline de l'Église gallicane, moins indulgens que ceux de l'Église romaine, ont réprouvé les acteurs et interdit à nos temples de leur rendre les derniers honneurs, cela tient à des temps, à des mœurs, à des circonstances qui sont bien loin de nous; que les bases essentielles de la religion chrétienne ne seraient en rien attaquées si, de concert avec nos vénérables prélats, on avisait aux moyens de changer une décision sur laquelle on peut revenir, comme sur tout ce qui est l'ouvrage des hommes, qui est trop peu en harmonie avec les idées du siècle, et qui l'est encore moins avec celle que nous nous formons de la Divinité.

Si nous nous sommes autant appesantis sur ce sujet, c'est qu'un journal qui passe non sans raison pour être devenu l'un des organes du ministère actuel, a tellement dénaturé l'opinion publique à l'égard de cet évènement, qu'il a été jusqu'à dire que le tumulte qu'il a occasionné était l'ouvrage de deux Anglais, citant ce prétendu fait comme une chose fort honorable pour la population de Paris : il est important de faire ouvrir les yeux sur ce système de déception qui tend incessamment à tromper l'espoir et les vœux d'un peuple qui n'aime nullement ce genre de mystification. Si MM. les ministres ont acheté des journaux, au moins devraient-ils commander à leurs écrivains à gages de se borner à les louanger sur les actes de leur administration, sans mésinterpréter à dessein les intentions ou les sentimens de la nation, qui leur a donné ses fonds pour un tout autre usage; ils se sont au surplus empressés naguère de dénier qu'ils aient jamais acheté certains journaux, bien évidemment vendus; mais malgré la fureur de spéculation que le ministère a beaucoup trop encouragée, il est difficile de se persuader qu'aucun spéculateur ait acheté fort cher un Journal pour le seul plaisir de le supprimer, et c'est précisément ce qui est arrivé au *Régulateur*. Si on avait pu les acheter tous, on n'aurait pas, disent de méchantes gens, supprimé la liberté de la presse; mais ces maudits journaux étaient comme le phénix, qui renaît plus brillant de ses cendres; et la légitimité de *l'Aristarque* a dû faire punir et la magistrature qui l'avait consacré, et la nation qui avait applaudi à l'indépendance de ses magistrats.

Il est curieux, au reste, de voir comment MM. les ministres, malgré le mépris que leurs coryphées professent pour les journaux, se débattent dans ceux qui leur appartiennent; jamais la France n'a été plus tranquille; eh bien, il semblerait, à les entendre, que la discorde est partout; qu'une nouvelle révolution est sur le point d'éclater; que les feuilles de l'opposition ont toute la virulence des feuilles du *bon temps;* enfin qu'on ne sait jamais s'en tenir à rien de stable; qu'on n'aspire qu'au changement : et quel est ce grand changement auquel on aspire selon eux? c'est le changement des ministres ! Et voilà ces messieurs qui ne rêvent que bouleversement, parce qu'on émet le vœu de voir disparaître un ministère qu'on accuse de n'avoir d'autre but que de se perpétuer, un ministère qui ne peut guère marcher droit avec le Roi et la nation, dans une route qui n'est pas la sienne. Le Roi veut consolider la Charte, c'est-à-dire nous donner les lois qui en sont le complément nécessaire; le ministère ne le veut pas ; car depuis trois ans, il n'a pas présenté aux Chambres une seule de ces lois organiques de la Charte, qui, en garantissant nos libertés, le mettraient dans l'impossibilité de les enfreindre; le ministère nous avait au contraire ôté la liberté de la presse, que le Roi nous a rendue(1);

_____

(1) Une chose des plus bizarres, et qui passe toute croyance, c'est de voir le ministère se récrier dans ses journaux sur notre ingratitude, et réclamer sa part dans la reconnaissance que nous ne voulons devoir qu'au Roi et au Dauphin, pour la restitution de la liberté de la presse; l'impudence de ses gagistes va jusqu'à nous

il y a donc incompatibilité entre la marche du Roi et celle des ministres : rien donc de plus naturel que le désir qu'on a témoigné qu'ils fussent changés.

Cependant, que le Roi ait reçu une nouvelle profession de foi de MM. les ministres, qu'il croye à la sincérité de leur dévouement, et qu'il soit dans l'intention de les garder, comme une sorte d'hommage rendu à la mémoire de son auguste frère, ou que sa volonté soit de composer un nouveau ministère, le Français a si

reprocher à cet égard de ne pas entendre ce que c'est que le gouvernement représentatif. Pour en arriver là, on a commencé par insinuer d'une manière détournée, et par nous dire ensuite ouvertement que la mesure de la suspension de la presse était due véritablement à la prévision d'un évènement bien grave, sans doute, et bien douloureux pour la France, mais qui ne motivait nullement la suspension de la liberté de la presse ; car Leurs Excellences ne voient donc pas qu'il a été démontré jusqu'à l'évidence, par l'évènement même, que l'allégation de ce motif est la plus cruelle injure que le ministère pût faire à la France et à ce monarque révéré, dont le premier acte à son avènement au trône a été d'oublier son offense personnelle, et de venger celle qu'on avait faite à la nation. Charles X, en vrai chevalier français, cédant à la voix de l'honneur, s'est empressé de nous rendre cette précieuse liberté qu'on nous avait si injustement ravie ; et quoique entre le bienfaiteur et le bienfait se soient trouvés les mêmes hommes qui nous avaient si indignement calomniés, au moins dans leur pensée, notre Prince a pu juger à nos acclamations qu'un peuple aussi aimant et aussi expansif était digne d'avoir à sa tête un Roi confiant, sensible et généreux.

Le ministère voudra donc bien permettre que nous nous en tenions à ses fameux considérans, et que nous rejetions le motif, si ingénieusement inventé après coup, dont nous ne pouvons en conscience dire : *Si non vero è bene trovato.*

peu de fiel, il est si facile à ramener, son enthousiasme pour le bien lui fait oublier si promptement le mal, que les ministres actuels ou les nouveaux auraient des moyens bien faciles de se perpétuer dans ce pouvoir tant idolâtré par ceux qui en sont revêtus, et qui aurait été laissé aux uns ou donné aux autres. Que le ministère, quel qu'il soit, car nous ne voulons nous occuper des hommes qu'à l'occasion des choses, que le ministère suive franchement l'impulsion donnée par le Roi, et qui est aussi celle de la nation; qu'il parcoure hardiment la route constitutionnelle dans tous ses développemens;

Que le ministre des finances se pénètre bien qu'il n'est pas de la dignité d'un gouvernement de spéculer et d'agioter, et que la bonne morale lui impose au contraire le devoir de mettre un frein à l'agiotage, qui bouleverse les fortunes et entraîne la ruine des familles; qu'il n'enfante donc plus de projets par lesquels on donnerait pour indemnité à une classe respectable les dépouilles d'une autre classe qui ne l'est pas moins; qu'il présente plutôt ouvertement et sans détour, cette loi par laquelle la nation donnerait non pas des indemnités aux émigrés, mais (ce qui serait plus convenable pour elle et pour le monarque) offrirait à son Roi les moyens de récompenser le courage et la fidélité, et de dédommager ceux dont la ruine a été occasionnée par leur zèle et leur attachement à la famille des Bourbons dans les jours de l'adversité; qu'il s'applique avec toute la maturité de la sagesse, à simplifier les ressorts de l'administration financière; qu'il recherche dans cette belle institution, dont il faut remercier et le Roi que nous avons perdu et le ministère de M. de Villèle, dans le conseil supérieur de commerce, à l'utilité duquel notre Roi vient de rendre hommage en l'honorant de sa présidence, qu'il recherche, disons-nous, toutes les améliorations désirables dans notre système des douanes et des impôts indirects; qu'on les combine habilement avec les importations et les exportations du royaume; qu'il y soit avisé aussi aux moyens de remplacer dans l'avenir le monopole injuste des tabacs, par un impôt proportionné au produit que l'on en retire; que les impôts assis sur les funestes passions du jeu, soient repoussés par la loi comme ils le sont par la religion et par la morale;

Que le ministre de l'intérieur soumette à la discussion des Chambres la loi sur les communes et celle sur la garde nationale; que la liberté des votes soit respectée dans les colléges électoraux; que la nation sache quel crime a commis le génie pour être dépouillé de la récompense qui lui est si bien due; comment un Legendre, comment l'un des plus grands géomètres de la France, comment cet académicien illustre, dont nos premiers professeurs s'honorent comme nous d'avoir suivi les leçons, se voit privé de sa pension, lorsque son âge avancé lui en fait davantage éprouver le besoin; que tous les encouragemens soient donnés à la construction de nouvelles routes et de nouveaux canaux; que les travaux de nos ingénieurs soient essentiellement dirigés vers ce but, en éclairant les capitalistes sur les avantages de ces grandes opérations, à la fois nationales et lucratives, dont le résultat immanquable serait de doubler en France les produits de l'agriculture et de l'industrie; que l'achèvement des monumens publics soit poussé avec vigueur, et qu'ils contribuent, avec l'éclat des beaux-arts, la magnificence de nos spectacles et l'urbanité de nos mœurs, à attirer dans notre belle France les richesses et les voyageurs de toutes les nations;

Que le ministre de la justice se rappelle incessamment son titre et la sévérité des devoirs qu'il lui impose; que l'indépendance des tribunaux soit partout respectée; que la liberté la plus entière, que la conscience, que la loi décident seules de l'honneur, de la vie et de la fortune des citoyens; que les magistrats ne soient plus frappés dans leur existence pour avoir obéi à ces principes sacrés de leur noble ministère; que le ministre s'occupe à faire refondre cette multitude de lois et de décrets dont l'incohérence et les contradictions se font sentir tous les jours d'une manière plus déplorable, et dont l'iniquité pourrait se faire des armes à deux tranchans; enfin, qu'il repousse avec indignation l'arbitraire, ennemi invétéré de cet ordre social, dont le maintien est la plus noble fonction des pouvoirs émanés du trône;

Que le ministre de la guerre entretienne dans tous les corps cet amour du Prince et de la patrie, cette ardeur de la gloire, cette exacte discipline, qui ont porté si haut le renom des armées françaises, et qui viennent récemment de les mener triomphantes jusqu'aux Colonnes d'Hercule, conduites par un petit-fils d'Henri IV; que toutes les économies dirigées vers le rétablissement de notre matériel, et employées au ravitaillement de nos places fortes, mettent nos frontières dans ce formidable état de défense qui empêche qu'elles ne soient impunément attaquées; surtout point de chefs imberbes ou inhabiles, point d'avancemens qui ne soient mérités, point de ces faveurs qui, en ôtant l'espoir au soldat, éteindraient aussitôt cet esprit militaire qui est l'âme de nos armées; n'oublions pas que l'honneur est le puissant véhicule qui conduit le Français à la victoire, et que, depuis trente années, c'est du rang de nos soldats que sont sortis nos plus grands généraux;

Que le ministre de la marine se reporte au temps de Colbert; qu'il considère dans quel état de dépérissement ce grand homme avait trouvé notre marine, et à quel degré de splendeur il l'avait élevée; cette comparaison redoublera son zèle et son courage, et il lui en faut beaucoup pour remplir la grande tâche qu'il s'est imposée en acceptant le ministère; mais il verra cependant que, malgré le système destructif de Buonaparte, il a moins à faire que Colbert pour rendre à nos armées navales cette prépondérance qu'elles avaient acquises sous d'Estrées et Duquesne, avec Tourville, Jean Bart et Forbin; et quand on réfléchit que c'est en faisant sortir du chaos les finances de l'État, en élevant nos monumens publics les plus remarquables (1), en établissant les superbes manufactures royales que nous admirons encore aujourd'hui (2), en faisant les conquêtes les plus utiles sur l'industrie des

---

(1) La colonnade du Louvre, la porte Saint-Denis et la porte Saint-Martin, les Invalides; une partie des quais, des boulevards; le jardin des Tuileries, le palais de Versailles. Paris lui doit en outre d'avoir fait comprendre dans les dépenses publiques le pavage et l'éclairage des rues, et l'établissement de vingt-quatre corps-de-garde pour sa sûreté.

(2) La manufacture des glaces, celle des Gobelins.

étrangers (1), en agrandissant et régularisant le commerce (2), en protégeant l'agriculture (3), les sciences (4). et les arts (5), en fournissant aux moyens de construction d'un double rang de forteresses sur nos frontières du nord, que Colbert, au milieu de la guerre, ou de la magnificence des fêtes de la cour, donna à notre marine cent vaisseaux de ligne, porta nos bâtimens de guerre à près de deux cents, et nos matelots et gens de mer à plus de cent soixante mille, on est confondu de la prodigieuse diversité de ses talens, et on ne peut nous reprocher une digression qui est un hommage rendu au plus grand génie du grand siècle de Louis XIV.

Répéterons-nous avec un marin dont les revers n'avaient pu éteindre l'enthousiasme pour son noble métier :

« Une galère échoue sur les côtes d'Italie, les Romains construisent des bâtimens sur ce modèle; en trois mois, des matelots sont dressés, une flotte est équipée, et les Carthaginois battus sur mer. »

Non, parce qu'il y a aussi loin des frêles embarcations

---

(1) Les fabriques de draps à Elbeuf et à Louviers, celles de soieries à Lyon, etc., etc.

(2) Le canal de Languedoc, la rédaction des ordonnances, l'établissement des Chambres de commerce, la création des compagnies des Indes, l'encouragement des grandes pêches, la permission à la noblesse de faire le commerce sans déroger.

(3) La taille réduite de 53 millions à 35; le cadastre général, dont il avait conçu le projet.

(4) La fondation de l'Académie des inscriptions, de l'Académie des sciences, de la Bibliothèque du Roi, du Cabinet des médailles.

(5) Fondation de l'Académie de France à Rome, accroissement du cabinet des tableaux au Louvre, aujourd'hui le Musée.

que montaient les maîtres du monde à nos vaisseaux de ligne, que de la simplicité de leurs manœuvres à la science qu'il faut déployer de nos jours dans un combat naval.

Répéterons-nous aussi avec le même, qu'en quinze jours on guérit du mal de mer, et qu'en deux mois de pratique, on a des matelots qui savent amarrer, gréer, dégréer, monter sur les haubans et sur les vergues, serrer une voile, etc., etc.?

Non, car nous croyons que le temps et l'expérience peuvent seuls former de bons marins, leur donner ces habitudes de prévoyance si nécessaires à leur santé, cette habileté dans l'exécution des manœuvres, cette familiarité avec les dangers, qui fait affronter le péril avec ce sang-froid du courage qui préserve notre vie par le mépris que nous avons de la mort.

Nous dirons alors que puisqu'il faut plus de temps pour former de bons marins que de bons soldats, c'est une raison de plus pour se hâter de faire sortir notre marine de cet état d'inertie dans lequel elle a été trop long-temps retenue, de la tenir toujours en haleine, de faire explorer toutes les mers à nos croisières; et comme on n'a une véritable marine militaire qu'autant qu'on a une marine marchande; que le principal but de l'une est de protéger l'autre, donnons donc de l'aliment à la marine marchande, et encourageons-la puissamment, car c'est elle qui doit nous fournir nos meilleurs matelots, et peut-être aussi quelques-uns de nos bons officiers; ouvrons-lui de nouvelles sources de prospérité; ne soyons pas les derniers à profiter des grands changemens qui ont eu lieu dans un autre hémisphère; ne nous présentons pas trop tard pour recueillir notre portion des avantages que la liberté offre toujours au commerce et à l'industrie. Le règne des colonies est passé; conservons le plus long-temps que nous pourrons celles que nous sommes destinés à perdre un jour; mais, loin de penser à reconquérir celles que nous avons perdues, oublions le passé; ouvrons nos ports à ces Haïtiens qui ne sont point coupables de la liberté que nous leur avons rendue, et qui nous a coûté si cher, pas plus que des fureurs que nous leur avons apportées; songeons que ce sont nos erreurs qui les ont à jamais séparés de la mère-patrie; qu'un bon traité de commerce les réconciliant avec nous, assure à nos négocians de vastes débouchés dans ces contrées, qui ne peuvent plus être à nous que par la préférence que notre commerce pourrait, par des négociations habiles, obtenir d'elles sur celui de toutes les nations.

Que le ministre de la marine se pénètre donc bien de toute l'importance des devoirs qu'il a à remplir, et il jouira de la plus belle de toutes les récompenses, la satisfaction de son Roi, et la reconnaissance nationale qui l'attend.

En portant ses regards sur le *Santi-Petri*, on ne peut désespérer de la gloire de la marine française.

C'est une idée singulièrement heureuse que celle d'avoir fécondé l'une par l'autre la religion et l'instruction, en réunissant dans le même ministère ces deux grands fondemens de la société; et l'hommage le plus flatteur comme le plus mérité a été rendu par le souverain au caractère de celui qui se trouve aujourd'hui revêtu de ces deux éminentes fonctions.

Ce sont les principes que nous recevons dans notre jeunesse qui décident le plus souvent du reste de notre vie; c'est donc dès l'âge le plus tendre qu'il faut inculquer dans notre esprit ces idées religieuses, qui sont la source de tous les biens comme la consolation de tous les maux, et qui élèvent notre âme en l'approchant de la Divinité par le culte que nous lui rendons.

La religion adoucit nos mœurs, nous enseigne la charité, la bienfaisance; avec elle nous jouissons de la prospérité sans orgueil, parce que nous ne la rapportons pas entièrement à nous; nous supportons le malheur avec constance, parce que nous pensons qu'il ne sera que passager; nous voyons sans crainte arriver la mort, soutenus par l'aspect de cette autre vie qui ne doit point finir.

L'irréligion endurcit le cœur, car l'égoïsme et la dureté pour les autres suivent toujours l'amour exclusif de soi-même; elle ne peut jouir du bonheur sans trouble, parce que le terme en est trop prochain; ses maux lui semblent au contraire éternels; et le courage stoïque dont incessamment elle se vante, l'abandonne au moment du danger comme à l'approche de la mort, parce qu'à ses yeux il n'est point d'avenir.

Préservons donc nos neveux de cet orgueil philosophique dont le savoir est l'incrédulité, qui n'a que des sensations et ne sait point être sensible; qui ridiculise les pompes de la religion, parce que son faux raisonnement, qu'il appelle la raison, lui dit qu'il n'y a point d'être au-dessus de lui, et qui se jetant ensuite par l'abstraction dans une contradiction inévitable, se targue d'avoir pénétré et approfondi toute la nature, et cependant met sa gloire à se ravaler lui-même en se complaisant dans le néant; qui enfin, en contemplant l'ordre admirable qui règne dans l'univers, au lieu d'avoir la conviction de ce Dieu qui le régit, est comme ce froid géomètre qui écoutait les superbes vers de la *Phèdre* de Racine, et semble vous dire : Qu'est-ce que cela prouve? Mais songeons en même temps que c'est l'instruction qui, en développant nos facultés intellectuelles, a porté les lettres, les sciences et les arts à ce haut degré de splendeur qui est la gloire de la civilisation humaine. Rendons grâce à la religion, qui nous empêche de nous égarer dans la recherche de ces mystères impénétrables dont l'orgueil philosophique se fait une arme contre elle; mais ne perdons point ce temps qu'elle nous donne, faisons-le tourner tout entier au profit de la véritable science : alors la religion, éclairée par la sagesse, nous dira que la douce tolérance fait plus de prosélytes que les persécutions; alors nous n'aurons pas de philosophie sans religion, mais la religion sera toujours accompagnée par la philosophie; alors nous éviterons le fanatisme politique et le fanatisme religieux, qui sont également féroces et sanguinaires, et l'humanité n'aura plus à frémir d'horreur sur les forfaits des Ravaillac et des Louvel; alors nous remplirons tous les devoirs que la religion, la morale et la société nous imposent, et nous rejeterons de nous-mêmes ces doctrines impies, abominables, qui laissant les passions sans frein, ôtent le remords au criminel, l'espoir à l'homme de bien, et la consolation à ceux qui lui survivent.

Lorsque, pour rendre les derniers honneurs à ce Roi que la France n'oubliera jamais, à ce Roi que la Providence avait mis entre elle et l'abîme qui menaçait de l'engloutir, à ce Roi philosophe qui a posé les bases nouvelles de ce trône où vient de s'asseoir son digne successeur; lorsque l'Église, à l'aspect de son cercueil, vient d'étaler cette pompe inouïe qui a confondu tous ceux qui en ont pu être les témoins; si la religion, au milieu de cet imposant appareil de mort, a inspiré à Mgr l'évêque d'Hermopolis, ces sublimes accens de l'éloquence chrétienne qui ont ébranlé tous les cœurs, les esprits n'ont pas été moins frappés de cette étude approfondie de l'homme, de cette connaissance merveilleuse de tous les ressorts cachés qui ont fait mouvoir les grands évènemens que nous avons vus se succéder depuis quarante années, de ces grandes leçons qu'une piété sage et éclairée a puisées dans le passé pour l'exemple de l'avenir; et l'on peut dire avec justice de ce grand orateur chrétien, que quand la religion lui a fait déployer avec une si noble simplicité tous les trésors de l'instruction, il nous a prouvé que personne mieux que lui ne pouvait diriger l'une et l'autre.

Tous nos vœux devant être comblés à cet égard, nous n'avons à remplir ici que le devoir si doux de la reconnaissance.

Quand le bonheur d'un grand État est assuré audedans, les ressorts de sa politique extérieure sont singulièrement simplifiés; il est aussi certain qu'on peut l'être de conserver la paix au-dehors; et si la force des choses venait à la troubler, un Roi de France, avec l'amour des Français, ne doit jamais redouter la guerre. Il ne faut pas cependant en conclure que le ministre des affaires étrangères n'ait qu'un ministère de représentation. Il est de la dignité d'un grand roi comme d'un grand peuple, de ne pas rester spectateurs indifférens des évènemens importans qui arrivent dans le monde politique : c'est l'apanage de la philanthropie que d'être cosmopolite, et, sous ce rapport, il est beau de se regarder comme citoyen de l'univers. La politique française aura toujours à se reprocher d'être restée passive et muette lors du démembrement de la Pologne, de même qu'elle aura toujours à se glorifier des nobles secours qu'elle a donnés à l'indépendance des Américains. Ce n'est pas seulement en faisant observer scrupuleusement de vaines préséances et toutes les formalités d'une rigoureuse étiquette, qu'on tient son rang comme nation. La France est toute chrétienne, et cependant le sang ruisselle dans la chrétienté! Vainement la Grèce, vainement cette terre classique de la liberté et des beaux-arts, trop long-temps courbée sous le joug avilissant des sectateurs de Mahomet, aura recouvré l'antique héroïsme de ses sentimens; vainement elle fera succéder l'un à l'autre des prodiges de valeur; vainement elle aura pris la croix pour étendard en invoquant le Dieu des armées; tôt ou tard il faudra, si l'Europe entière l'abandonne, qu'épuisée par une hydre sans cesse renaissante, elle succombe sous le fer ottoman. Eh quoi! ce serait sous les yeux de l'ambassadeur du Roi des Français, du représentant du Roi très-chrétien, que le farouche musulman irait exposer sur les murs du sérail les têtes encore sanglantes des derniers enfans de la Grèce! Croyons plutôt que les puissans souverains qui se sont alliés entre eux pour le maintien de l'ordre et de la tranquillité dans la grande famille européenne, rejeteront enfin une politique méticuleuse, qui n'est point, qui ne peut point être d'eux, pour en adopter une plus grande, plus appropriée à la générosité de leur caractère, et que les négociations franches et ouvertes du cabinet français auront été les premiers moteurs de cette noble impulsion; alors il aura bien mérité de la France, il aura bien mérité de l'humanité toute entière.

En nous rendant ainsi l'écho du peuple français, nous aurons irrité quelques amours-propres qui ne manqueront pas de se récrier sur le nôtre; on nous demandera de quel droit nous venons ainsi régenter les agens du pouvoir; on nous dira qu'attaquer le ministère, c'est porter indirectement des attaques au Souverain; on nous accusera peut-être de vouloir soulever des passions qu'il faudrait éteindre; on nous répétera que la liberté de la presse est le ferment de tous les révolutionnaires et de toutes les révolutions. Forts de nos intentions et de notre conscience, nous répondrons que l'amour du Prince et de la patrie est incompatible avec les ménagemens de la faiblesse, et que c'est lui seul qui a pu nous faire élever la voix; que la vérité qu'on dit au souverain est le plus bel hommage qu'il soit possible de lui rendre, et que personne n'a plus profondément que nous gravé dans le cœur cette belle devise de la restauration : *Union et oubli;* que les révolutionnaires sont bien faciles à compter maintenant, que la France est lasse à jamais de révolutions, et qu'il n'en peut exister que dans l'imagination de ceux qui auraient intérêt à empêcher la nation de se jeter toute entière entre les bras de son Roi; qu'on ne voit s'élever contre la liberté de la presse que les agens de ceux qui voudraient être revêtus du pouvoir en s'exemptant de ses charges.

Tranchons le mot : il faut le dire avec franchise, il n'y a maintenant que deux partis en France, les institutions et l'arbitraire, le siècle et ceux qui n'en veulent point être. Le Roi et la Nation marchent dans le premier, et la Charte leur sert de point de ralliement; l'autre se compose de quelques milliers d'individus qui s'échelonnent en arrière, depuis l'empire et la révolution jusqu'aux siècles de la féodalité, et il y a long-temps qu'il serait inaperçu au milieu de trente millions de Français, si quelques hommes s'interposant toujours entre le Roi, dont ils ont tour à tour surpris la confiance, et la Charte qu'il nous a donnée pour étendard, n'en avaient pas constamment dérobé à ses yeux la portion restée imparfaite, et qu'il importait à leur intérêt de ne point voir finir. Que ces hommes cessent donc de contrarier l'exécution des bienfaisantes volontés du monarque, dont il est de leur devoir d'être les fidèles interprètes; qu'ils rentrent dans les voies de la monarchie constitutionnelle, qu'ils servent franchement le Roi et la France, ou qu'ils cèdent leurs places à d'autres, alors il n'y aura plus qu'un cri d'enthousiasme dans la nation : *Vive Charles-le-Bien-Aimé! vive le Roi! vive la France!*

ERRATA.

Dans *le Roi et la France*, page 6, ligne 3o, au lieu de *victoire*, lisez *violence*.

Page 7, ligne 5 : *Si la presse* (à la ligne).

www.ingramcontent.com/pod-product-compliance
Lightning Source LLC
Chambersburg PA
CBHW061330060726
47596CB00003B/1177